ELI
VOCABOLARIO
ILLUSTRATO
italiano

l'albero

la bambina

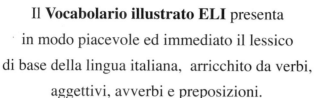
la borsa

la frutta

la farfalla

il mappamondo

Il **Vocabolario illustrato ELI** presenta
in modo piacevole ed immediato il lessico
di base della lingua italiana, arricchito da verbi,
aggettivi, avverbi e preposizioni.
Le 35 illustrazioni sono organizzate
tematicamente e presentano argomenti familiari
o insoliti, atti a stimolare l'interesse dei ragazzi.
Grazie alla corrispondenza tra immagine e parola,
i lettori imparano ad associare i termini agli
oggetti in modo automatico e immediato.
Tutte le parole presentate sono
riportate in ordine alfabetico nella
sezione finale ed hanno accanto
l'indicazione della tavola in cui compaiono.
Divertente e di facile consultazione,
il **Vocabolario illustrato ELI**
costituisce uno strumento indispensabile per
apprendere il lessico di base della lingua italiana
grazie all'immediatezza, all'efficacia e alla
vivacità delle immagini.

© 1996 **ELI** s.r.l.
Casella Postale 6 - Recanati - Italia
Tel. +39 071/750701 - Fax +39 071/977851
www.elionline.com

A cura di Joy Olivier

Illustrazioni: Alfredo Brasioli

Versione italiana: Tiziana Tonni

Stampato in Italia dalla Tecnostampa s.r.l.

ISBN 88 - 8148 - 093 - X

INDICE DELLE TAVOLE

il cavallo

i calzini

la motocicletta

il bambino

la torta

la cravatta

le carote

la scimmia

il furgone

la giacca

la sveglia

la lampada

il pesce

le scarpe

la tenda

l'anguria

la chiave

il gallo

La casa prima e

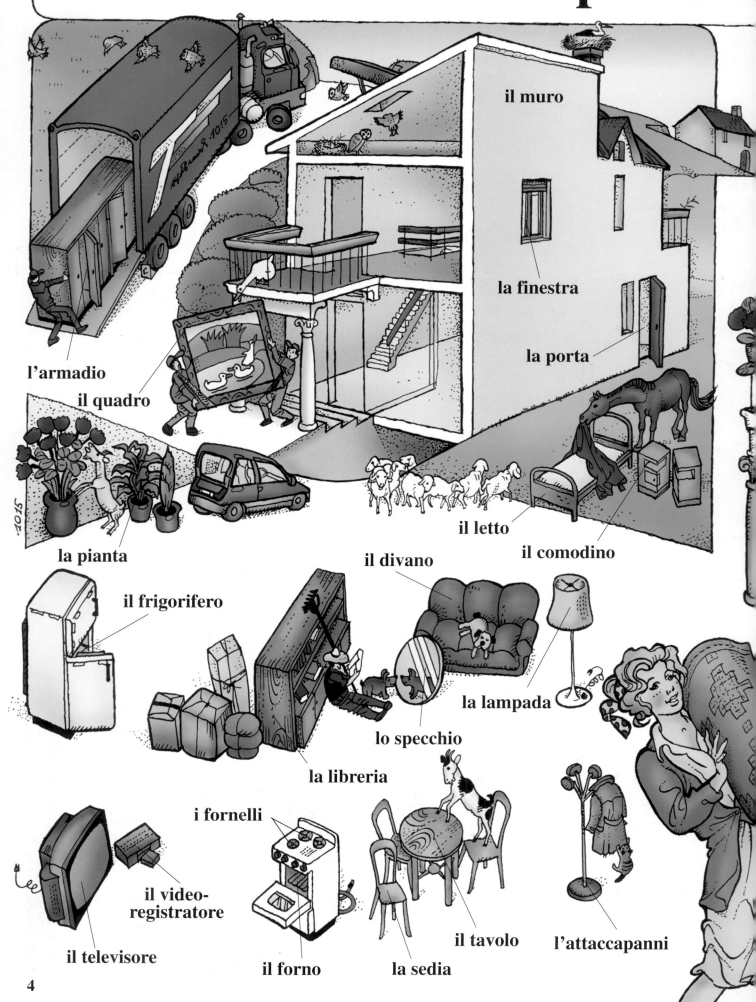

il muro

la finestra

la porta

l'armadio

il quadro

il letto

il comodino

la pianta

il divano

il frigorifero

la lampada

lo specchio

la libreria

i fornelli

il tavolo

l'attaccapanni

il video-registratore

il televisore

il forno

la sedia

dopo il trasloco

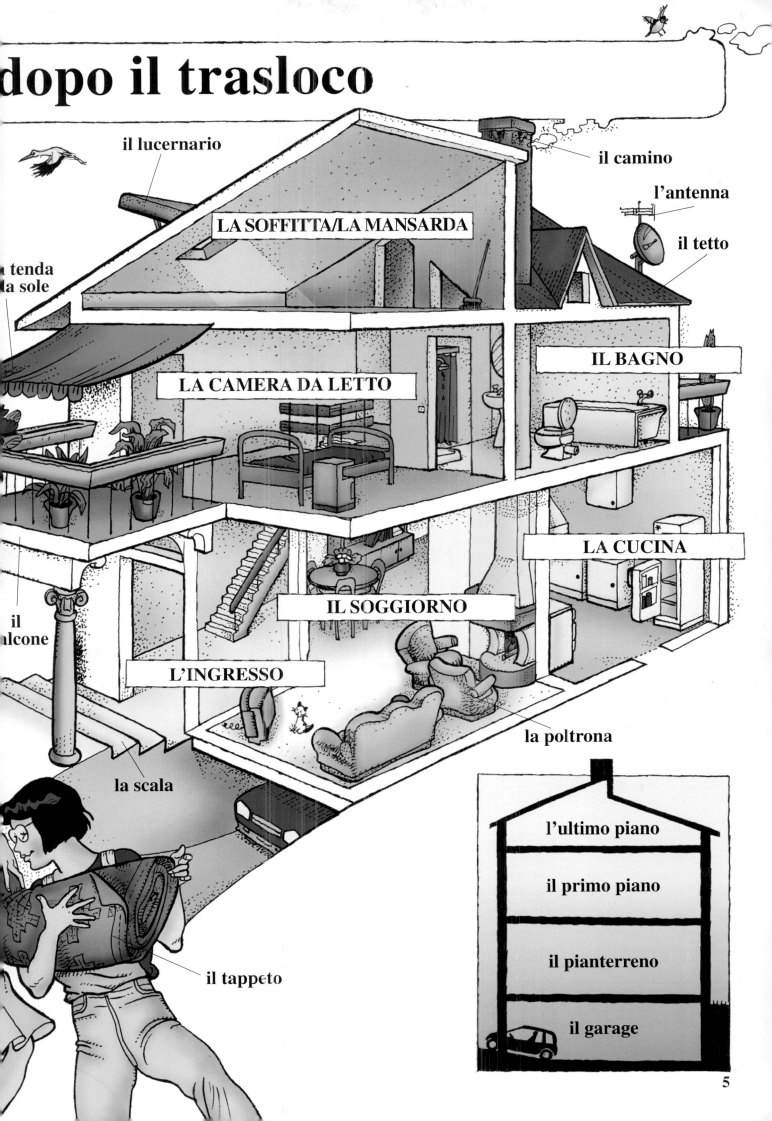

il lucernario

il camino

l'antenna

il tetto

LA SOFFITTA/LA MANSARDA

la tenda da sole

LA CAMERA DA LETTO

IL BAGNO

il balcone

LA CUCINA

IL SOGGIORNO

L'INGRESSO

la poltrona

la scala

il tappeto

l'ultimo piano

il primo piano

il pianterreno

il garage

5

La camera da letto

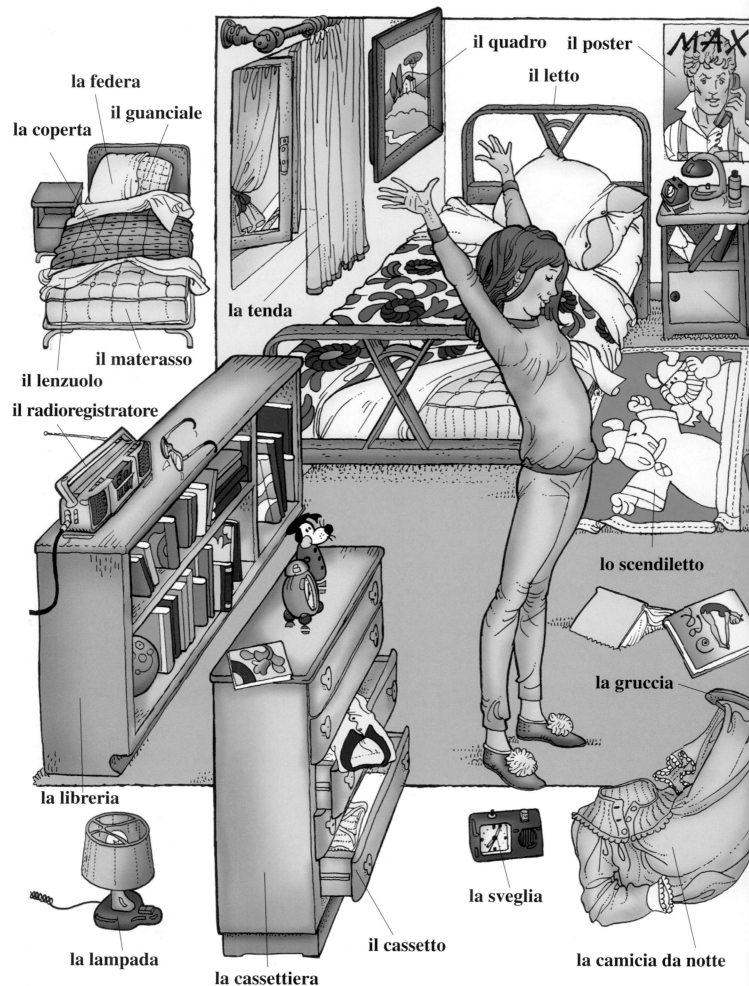

la federa

il guanciale

la coperta

il quadro il poster

il letto

la tenda

il materasso

il lenzuolo

il radioregistratore

lo scendiletto

la gruccia

la libreria

la sveglia

la lampada

il cassetto

la cassettiera

la camicia da notte

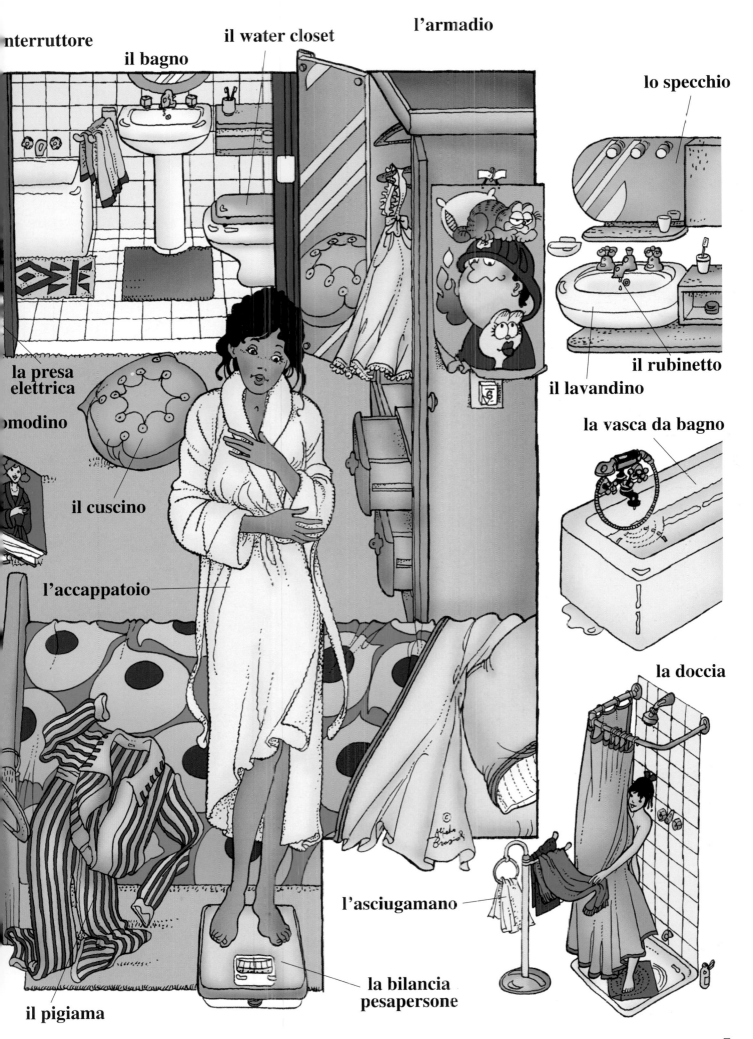

nterruttore

il bagno

il water closet

l'armadio

lo specchio

la presa elettrica

omodino

il cuscino

il rubinetto

il lavandino

la vasca da bagno

l'accappatoio

la doccia

l'asciugamano

la bilancia pesapersone

il pigiama

La cucina

la pentola

il coperchio

il colapasta

il frullatore

la padella

lo strofinaccio

l'apribottiglie

lo spremiagrumi

la presina

il bicchiere

lo scolapiatti

il rubinetto

il lavello

la spugna

il forne[l]

la pattumiera

la lavastoviglie

la grattugia

il piatto

la cannuccia

il tagliere

il pane

la caraffa

il coltello

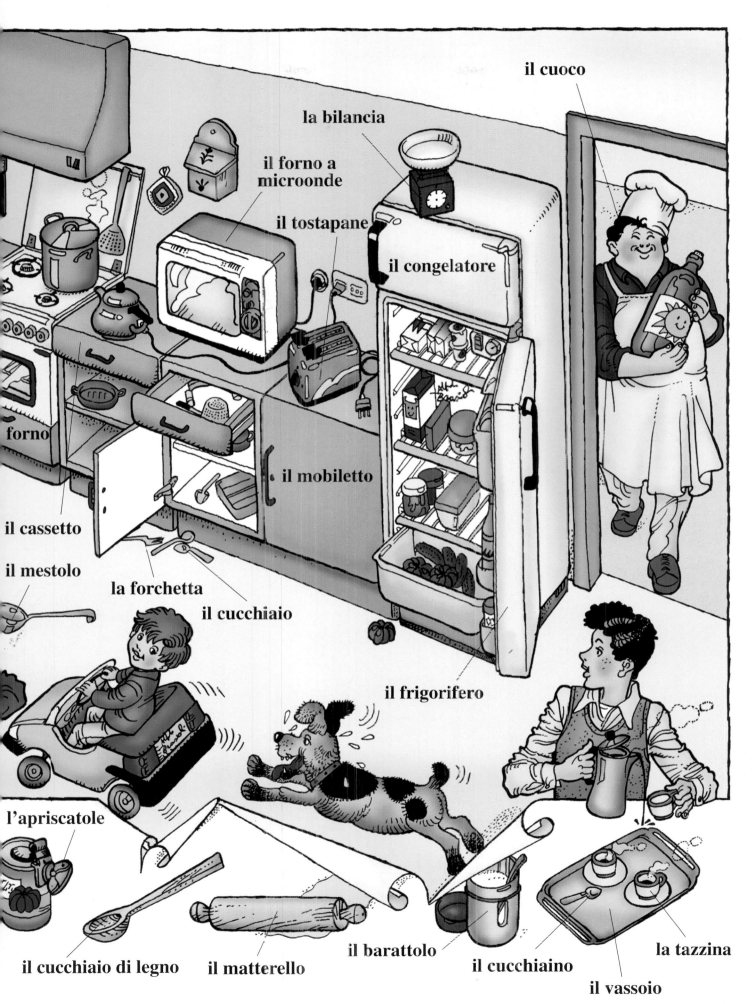

il cuoco

la bilancia

il forno a microonde

il tostapane

il congelatore

forno

il mobiletto

il cassetto

il mestolo

la forchetta

il cucchiaio

il frigorifero

l'apriscatole

il cucchiaio di legno

il matterello

il barattolo

il cucchiaino

il vassoio

la tazzina

La famiglia di Martina

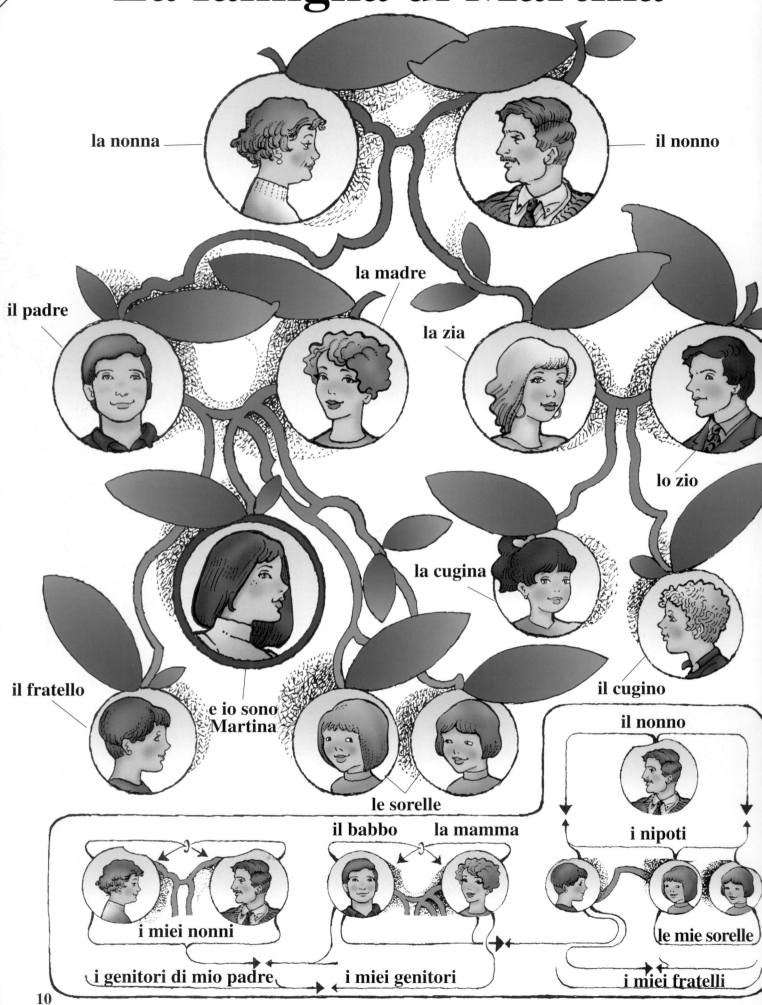

la nonna

il nonno

la madre

il padre

la zia

lo zio

la cugina

il cugino

il fratello

e io sono Martina

le sorelle

il babbo

la mamma

il nonno

i nipoti

i miei nonni

le mie sorelle

i genitori di mio padre

i miei genitori

i miei fratelli

il bambino

la bambina

il ragazzo

la ragazza

l'uomo

la donna

i fidanzati

il matrimonio

la nascita

il compleanno

11

La città d'inverno

la via

il supermercato

il cinema

la banca

il negozio

le strisce pedonali

il marciapiede

il semaforo

il segnale stradale

il ristorante

e d'estate

il parco
cittadino

il lampione

la cabina telefonica

la bicicletta

la strada

la scuola    l'autobus    il taxi    l'automobile

la motocicletta

13

6
A scuola

l'insegnante

lo studente

la lavagna

il gesso

il cancellino

il mappamondo

il cestino

il libro

il portapenne

la cattedra

il quaderno

i pennarelli

il portamina

le forbici

l'astuccio

la penna stilografi

l'evidenziatore

la colla

la penna a sfera

14

la carta geografica

il foglio di carta

la cartella

la carta geografica

il banco

la tavolozza

il disegno

colori
a tempera

le matite colorate

il pennello

lo
zainetto

la riga

il compasso

la squadra

la gomma

la matita

il temperamatite

15

In biblioteca

lo scaffale

il libro

l'autore

il titolo

la copertina

l'editore

l'illustrazione

la didascalia

le pagine

il testo

la rivista

il quotidiano

l'atlante geografico

la bibliotecaria

sala di lettura

libri in consultazione

libri in prestito

l'enciclopedia

...nedario   la scheda   il dizionario

L'ufficio

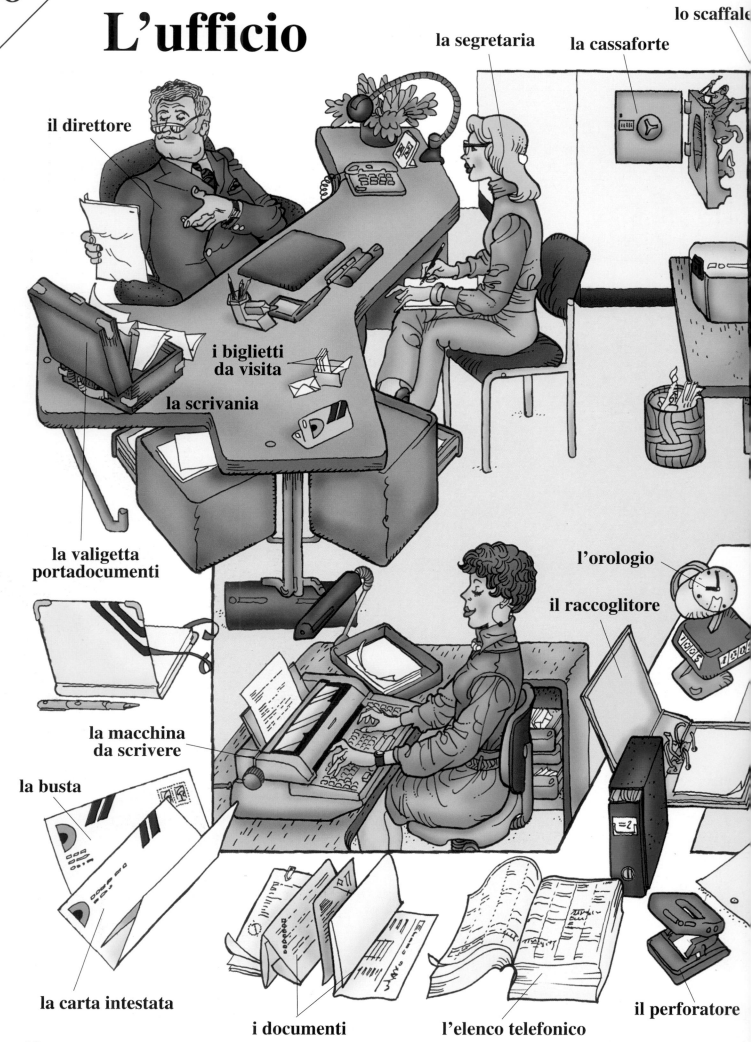

la segretaria

la cassaforte

lo scaffale

il direttore

i biglietti da visita

la scrivania

la valigetta portadocumenti

l'orologio

il raccoglitore

la macchina da scrivere

la busta

la carta intestata

i documenti

l'elenco telefonico

il perforatore

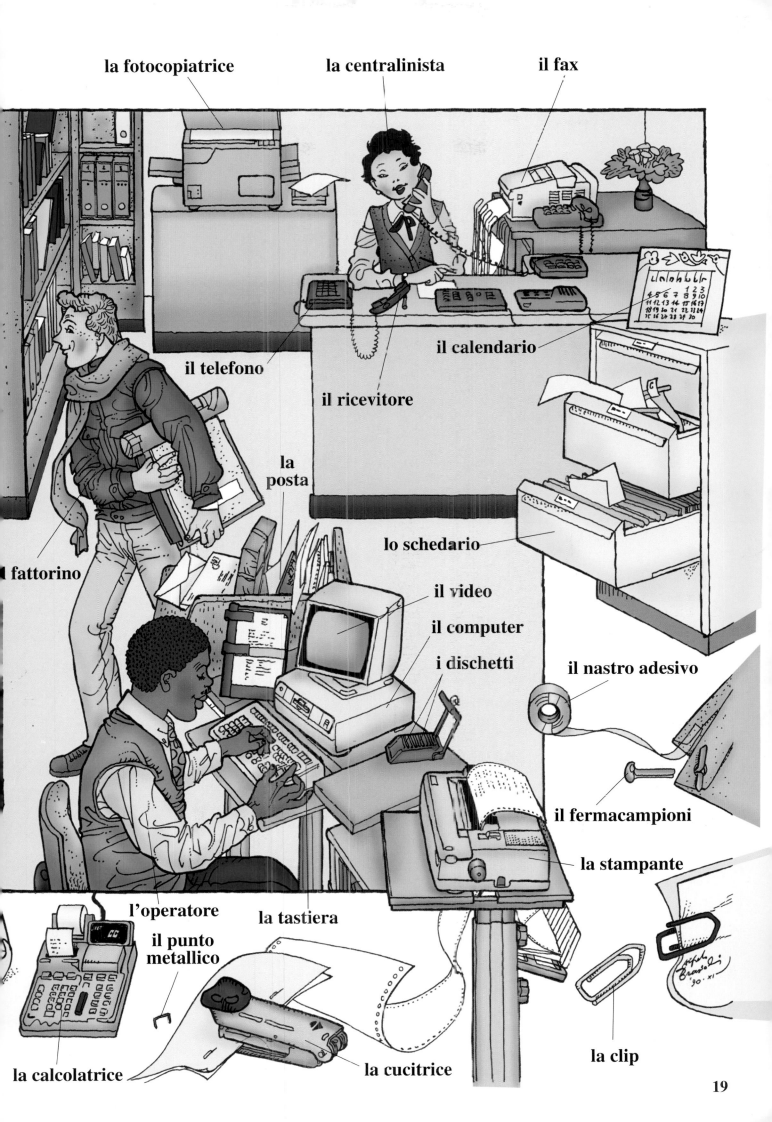

la fotocopiatrice

la centralinista

il fax

il telefono

il calendario

il ricevitore

la posta

lo schedario

il fattorino

il video

il computer

i dischetti

il nastro adesivo

il fermacampioni

la stampante

l'operatore

la tastiera

il punto metallico

la clip

la calcolatrice

la cucitrice

L'albergo

il ristorante

la chiave

il registro

il portachiavi

il documento
d'identità

il receptionist   la recepti

i bagagli

il bagno

la camera
singola

la camera
matrimoniale

l'ascensore

il bar

la cliente

la barista
il cameriere

il divano

lo sgabello

il tappeto

il facchino

la poltrona

la porta girevole   il portiere

I negozi

il centro commerciale

la concessionaria automobilistica

il fioraio

la farmacia

il negozio di giocattoli

la pasticceria

la profumeria

il negozio di articoli musicali

il negozio di articoli fotografici

la gioielleria

i reparti di vendita

carne

pesce

frutta e verdura

il supermercato

il negozio di elettrodomestici

il negozio di articoli sportivi

la lavanderia

l'edicola

il negozio di
abbigliamento

il negozio
di calzature

l'agenzia
di viaggi

la libreria

la cartoleria

il negozio di casalinghi

23

Il negozio di abbigliamento

l'insegna

la vetrina

il manichino

la borsa della spesa

il lavavetri

la cassiera

la cassa

la gonna

l'abito

la camicia

i calzini

il gilè

le scarpe

fuori e dentro

la vetrinista

il maglione

il cappotto

il bancone

la cliente

la cintura

le calze

la commessa

la borsa

il cappello

gli stivali

i pantaloni

la cravatta

la giacca

L'abbigliamento estivo ed invernale

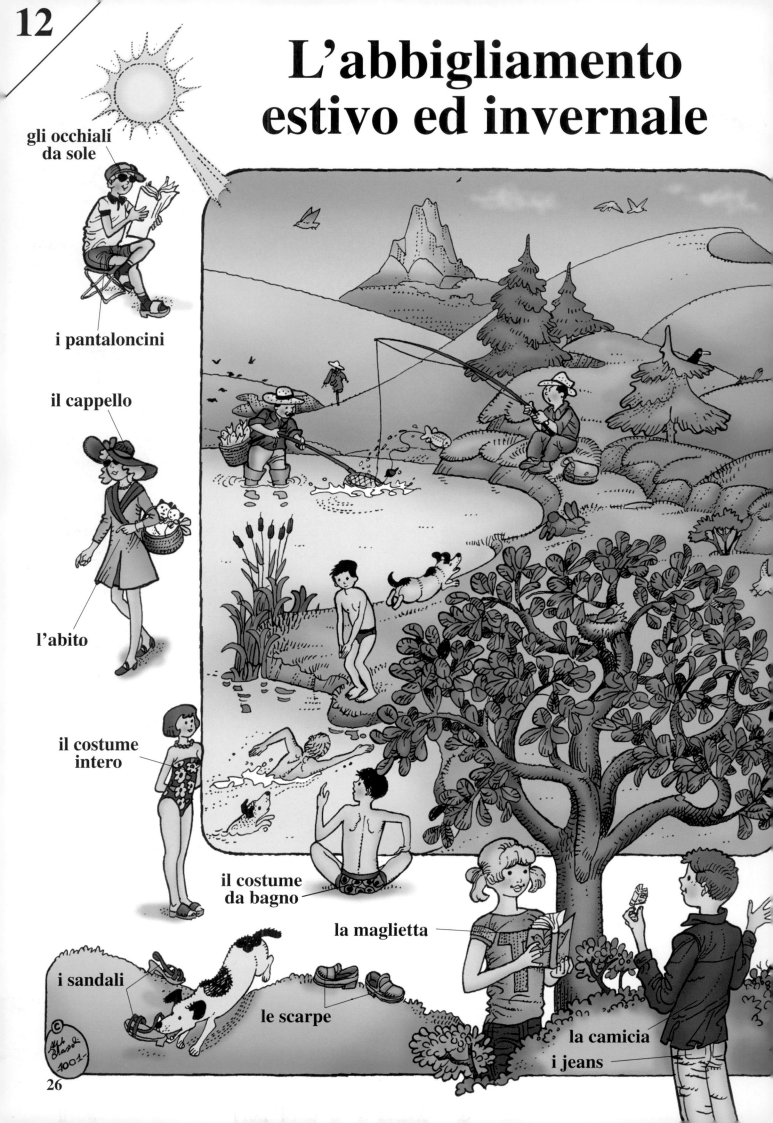

gli occhiali da sole

i pantaloncini

il cappello

l'abito

il costume intero

il costume da bagno

la maglietta

i sandali

le scarpe

la camicia

i jeans

i pattini
da ghiaccio

la gonna

il maglione

la giacca a vento

il cappotto

il berretto
di lana

i guanti

la sciarpa

l'ombrello

gli stivali

27

Il negozio di frutta e verdura

l'anguria

l'uva

l'insegna

TUTTO FRESCO

il negoziante

il cartellino

la commessa

la mela

il melone

l'arancia

il limone

le banane

l'ananas

le ciliegie

la fragola

la prugna

il fico

la pesca

la pera

la lattuga

la melanzana

la carota

il cavolo

TUTTO FRESCO

la saracinesca

la cipolla

il fungo

la cassetta

il peperone

il pomodoro

la patata

il sacchetto

Il ristorante aperto

la minestra

la carne

il pesce

il pollo

le uova

l'insalata

le verdure

i pomodori

il formaggio

le patatine fritte

la torta

il gelato

la frutta

il caffè

il latte

l'acqua

il vino

la birr

e chiuso

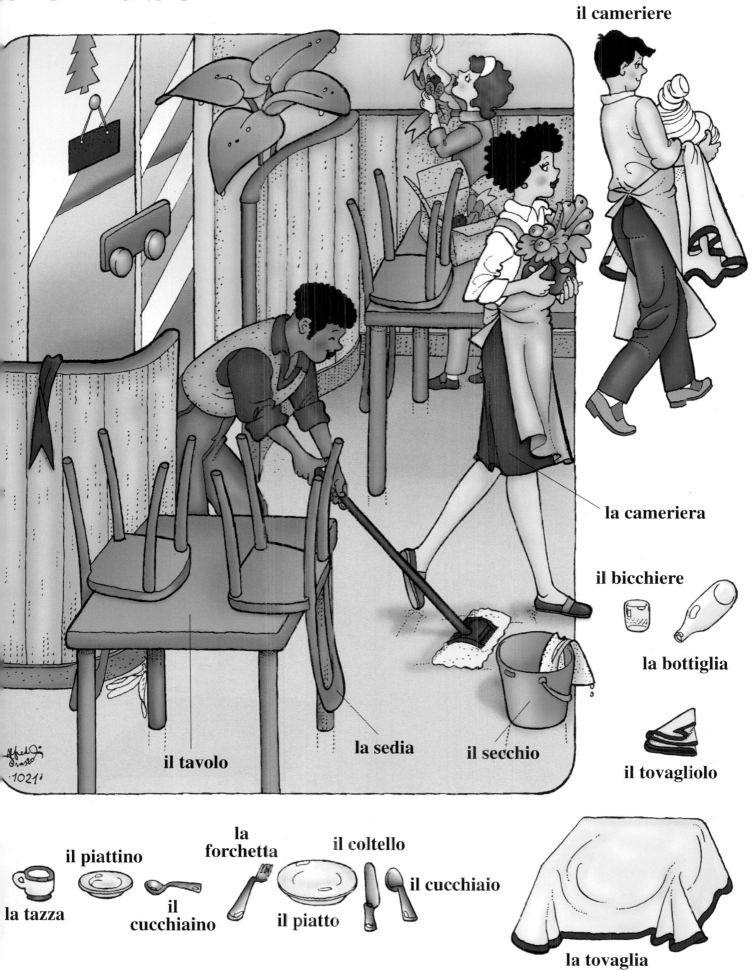

il cameriere

la cameriera

il bicchiere

la bottiglia

il tovagliolo

il tavolo

la sedia

il secchio

la tazza

il piattino

la forchetta

il cucchiaino

il piatto

il coltello

il cucchiaio

la tovaglia

I mestieri e le professioni

il coltivatore diretto

il muratore

il meccanico

l'imbianchino

l'operatore ecologico

l'operaia

l'idraulico

l'elettricista

l'impiegato

la fotografa

il vigile del fuoco

la fotomodella

l'attore

l'infermiera

il dentista

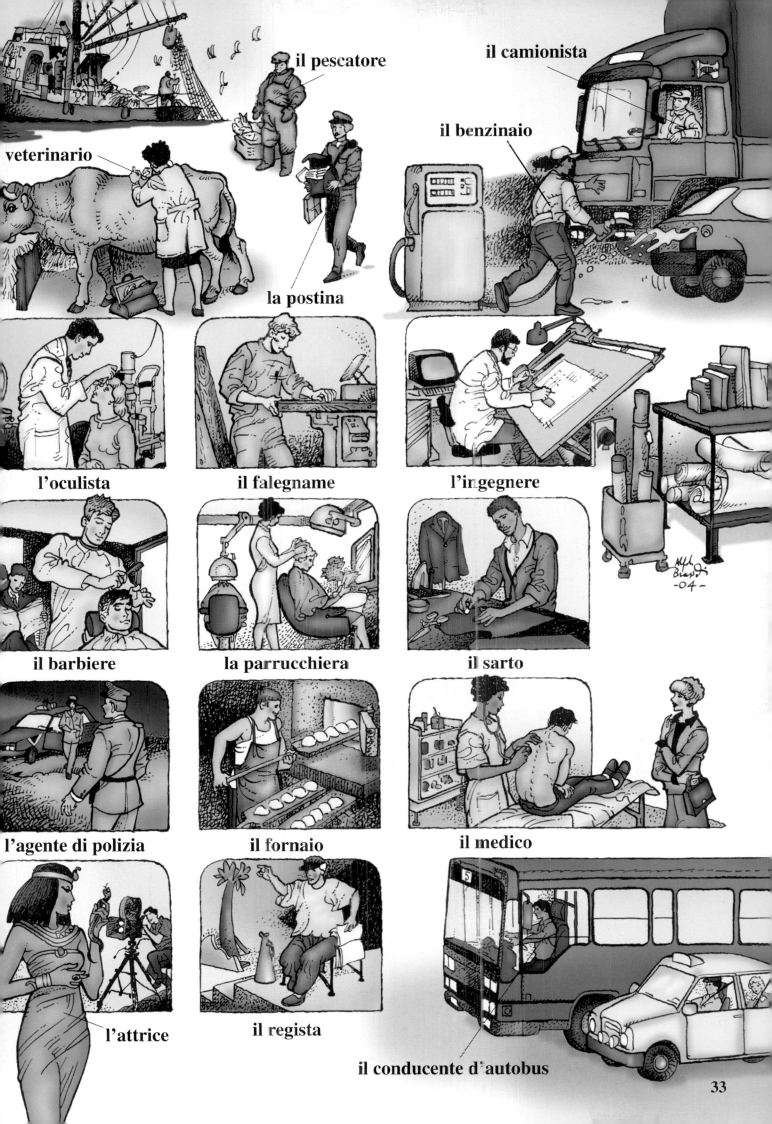

il pescatore

il camionista

il benzinaio

veterinario

la postina

l'oculista

il falegname

l'ingegnere

il barbiere

la parrucchiera

il sarto

l'agente di polizia

il fornaio

il medico

l'attrice

il regista

il conducente d'autobus

33

In viaggio

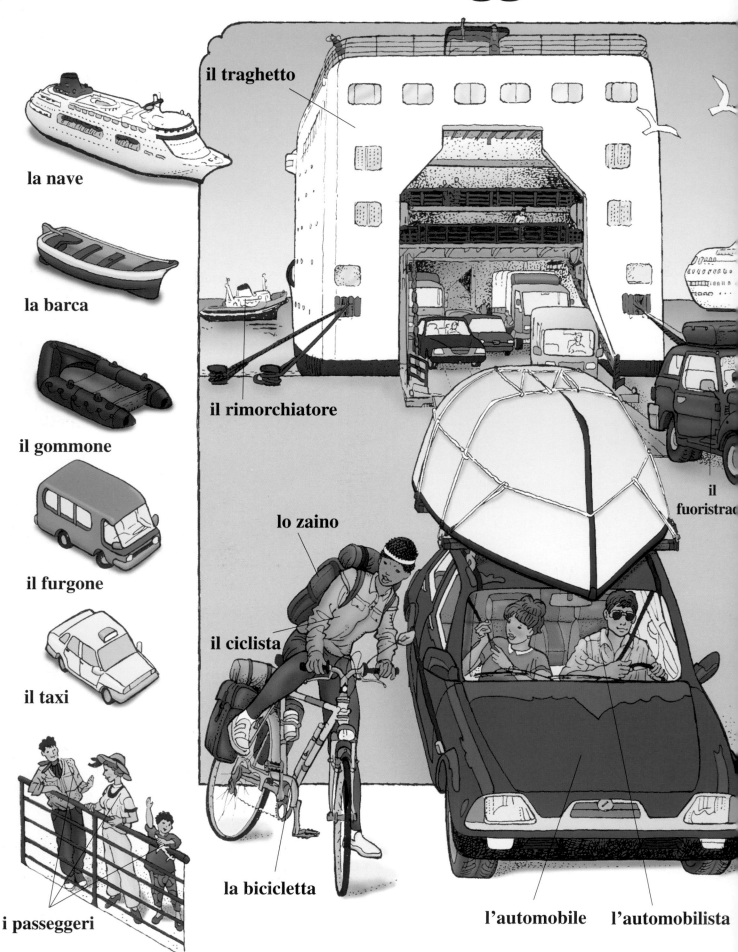

la nave

la barca

il gommone

il furgone

il taxi

i passeggeri

il traghetto

il rimorchiatore

lo zaino

il ciclista

la bicicletta

il fuoristrad

l'automobile   l'automobilista

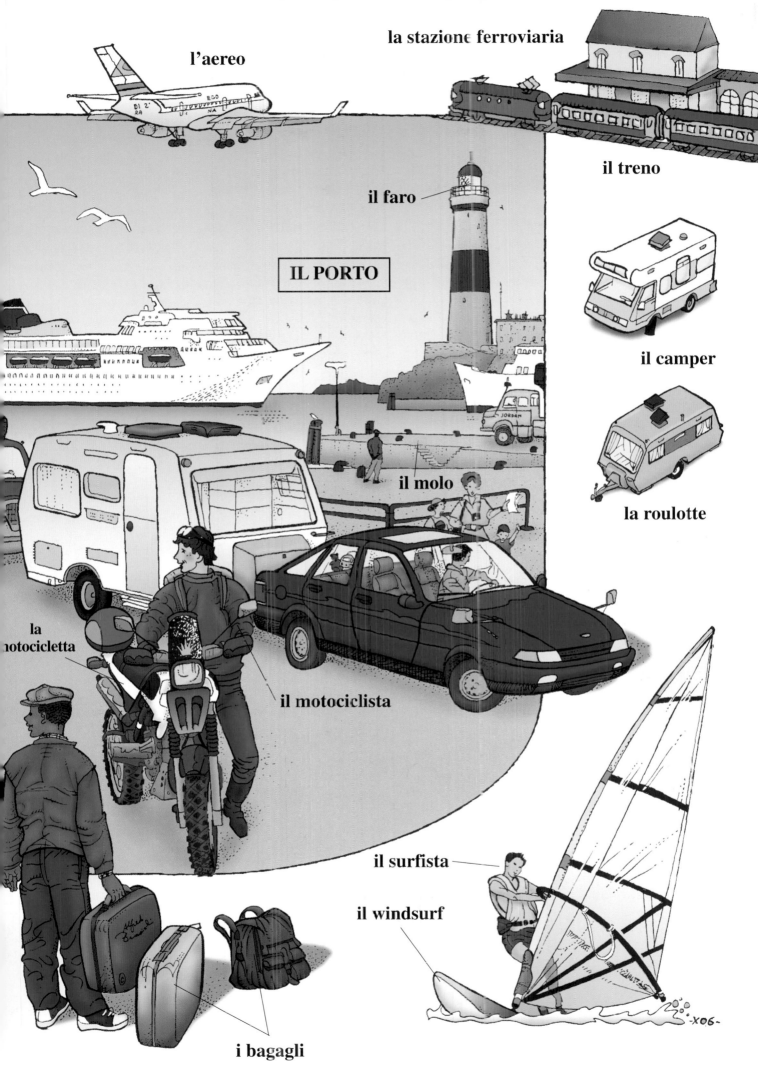

l'aereo

la stazione ferroviaria

il treno

il faro

IL PORTO

il camper

il molo

la roulotte

la motocicletta

il motociclista

il surfista

il windsurf

i bagagli

35

L'aeroporto e

l'aereo

l'ala

la coda

il carrello

l'aeroporto

il pilota

il doganiere

la scaletta

la valigia

l'assistente di volo

il passaporto

il biglietto

la stazione

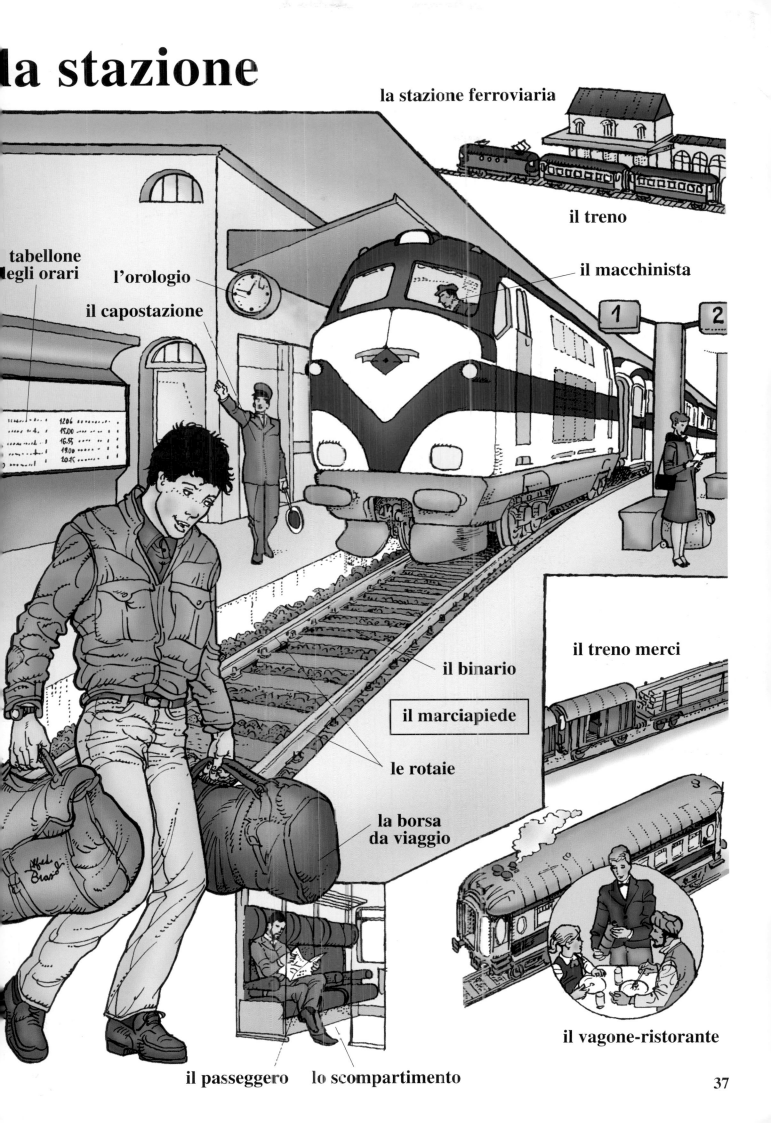

la stazione ferroviaria

il treno

il macchinista

tabellone degli orari

l'orologio

il capostazione

il binario

il marciapiede

le rotaie

la borsa da viaggio

il treno merci

il vagone-ristorante

il passeggero

lo scompartimento

Il corpo umano

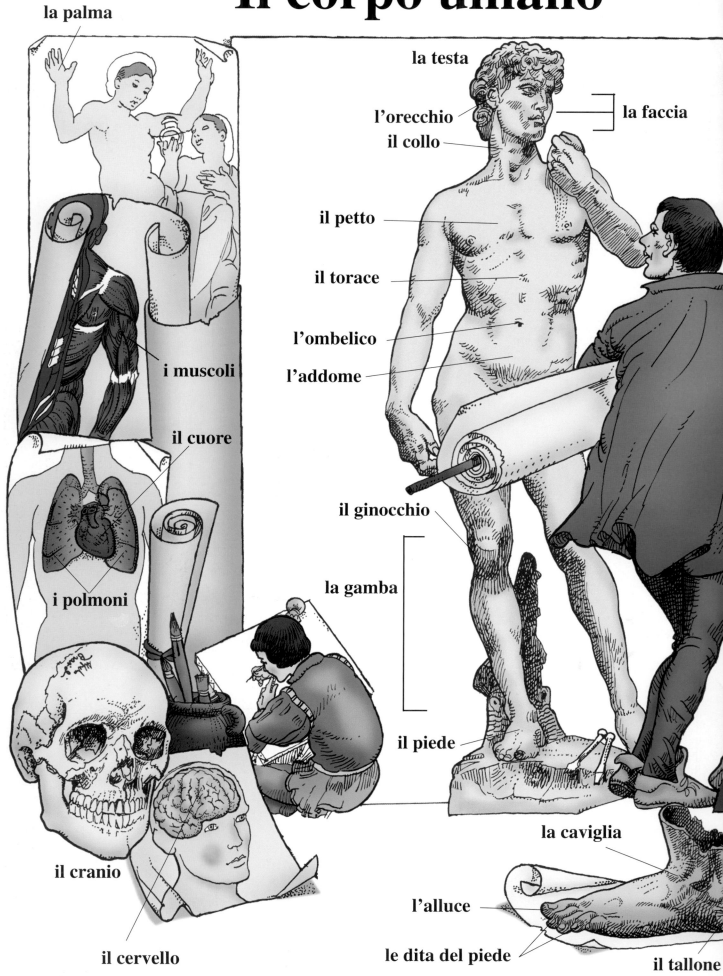

la palma

i muscoli

il cuore

i polmoni

il cranio

il cervello

la testa

l'orecchio

il collo

la faccia

il petto

il torace

l'ombelico

l'addome

il ginocchio

la gamba

il piede

la caviglia

l'alluce

le dita del piede

il tallone

capelli

la spalla

il braccio

il gomito

l'avambraccio

la schiena

lo scheletro

le ossa

la fronte

l'occhio

il naso

la bocca

il mento

la spina dorsale

la coscia

il pollice

l'unghia

l'indice

la mano

il medio

le dita

il polpaccio

il polso

il mignolo

l'anulare

Lo sport

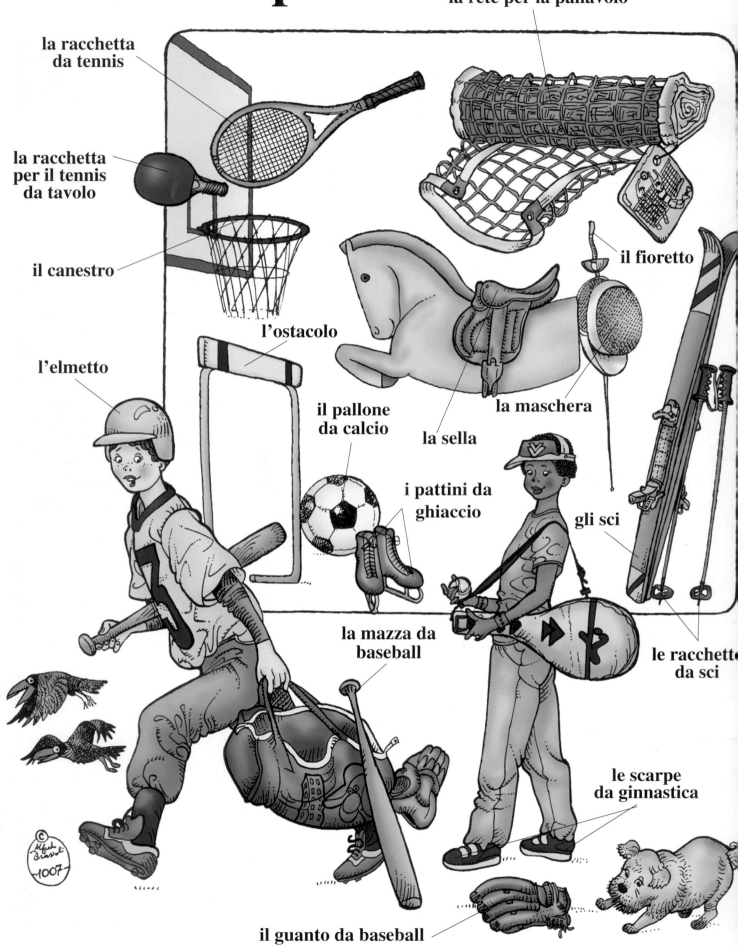

la rete per la pallavolo

la racchetta
da tennis

la racchetta
per il tennis
da tavolo

il canestro

l'ostacolo

il fioretto

la maschera

la sella

l'elmetto

il pallone
da calcio

i pattini da
ghiaccio

gli sci

la mazza da
baseball

le racchette
da sci

le scarpe
da ginnastica

il guanto da baseball

il tabellone segnapunti

la pallacanestro

la pallavolo

il calcio

il pattinaggio artistico

il baseball

il tennis da tavolo

il tennis

la corsa ad ostacoli

l'equitazione

la scherma

lo sci

la corsa

La palestra

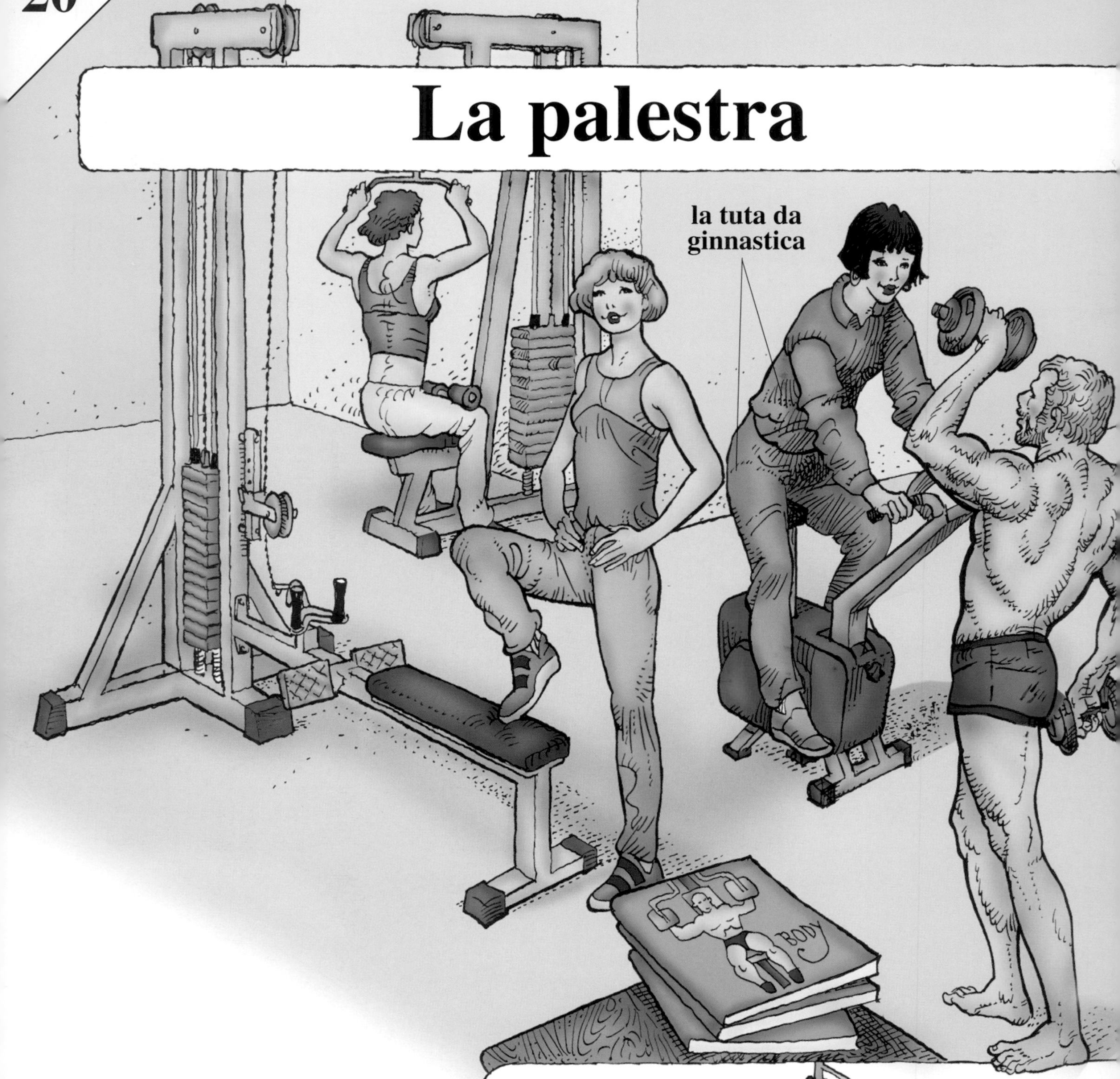
la tuta da ginnastica
BODY

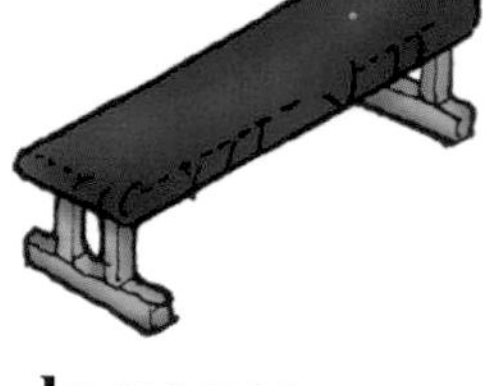
la panca

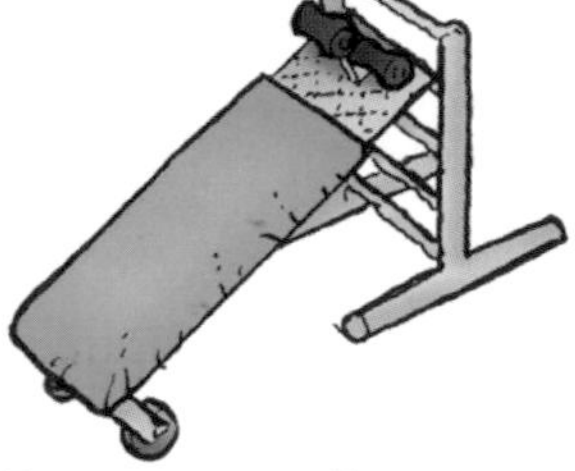
la panca alta

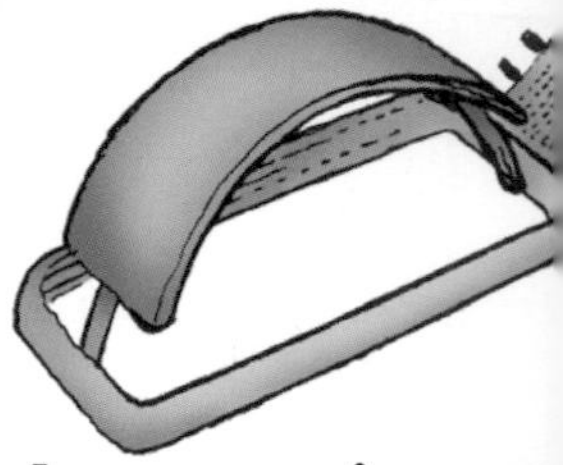
la panca ricurva

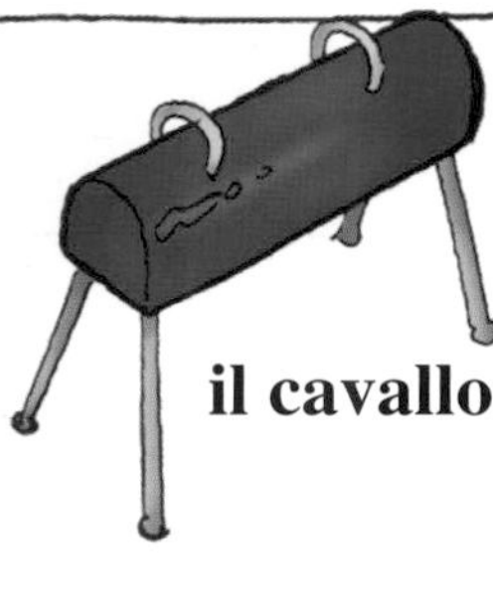
il cavallo

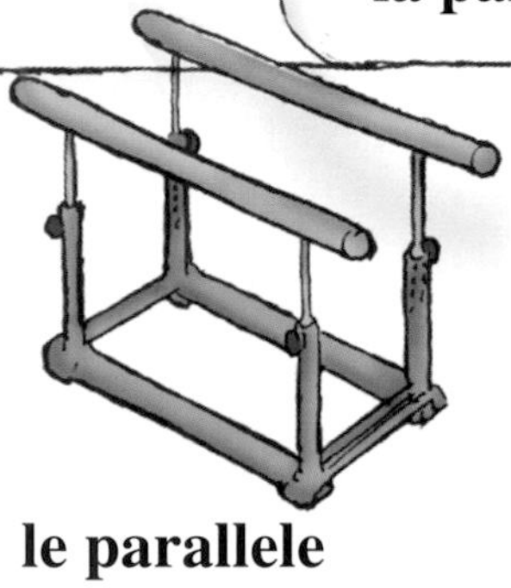
le parallele

il tappeto

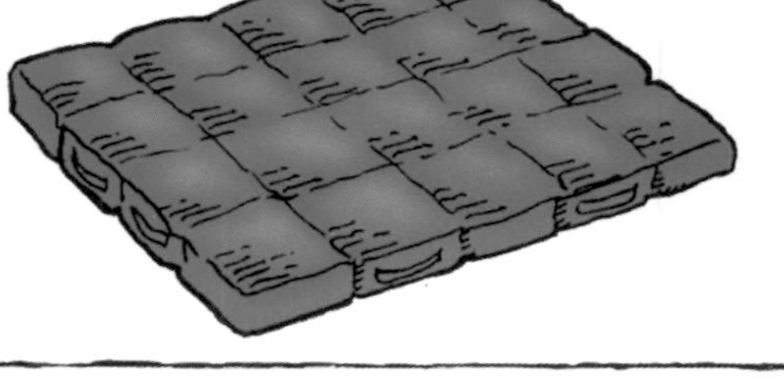

la cyclette

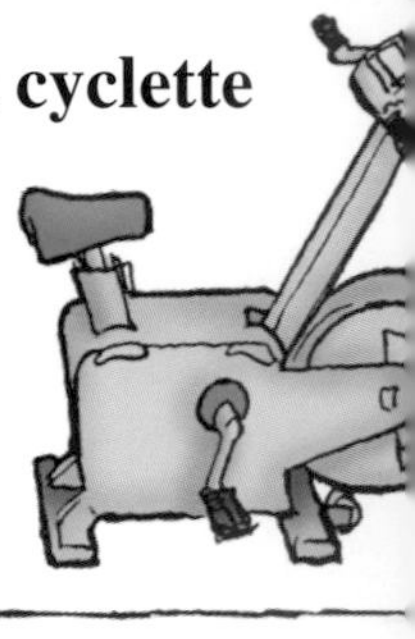

la sbarra

gli anelli

il quadro svedese

la spalliera

il bilanciere

l'estensore

i pesi

i manubri

43

I mesi e i giorni della settimana

gennaio 1	febbraio 2	marzo 3
aprile 4	maggio 5	giugno 6
luglio 7	agosto 8	settembre 9
ottobre 10	novembre 11	dicembre 12

lunedì 1

martedì 2

mercoledì 3

giovedì 4

venerdì 5

sabato 6

domenica 7

Le stagioni e il tempo atmosferico

la primavera

l'estate

l'autunno

l'inverno

la pioggia

l'arcobaleno

il sereno

il vento

la neve

il temporale

il fulmine

le nuvole

la nebbia

il ghiaccio

è caldo

è freddo

6 - 12 mattina

12 - 18 pomeriggio

18 - 24 sera

24 - 6 notte

la montagna

il ghiacciaio

la provetta

la collina

la valle

la foresta

il torrente

la cascata

lago

le rocce

il sacco

inquinamento

le piogge acide

la ciminiera

la discarica

il fertilizzante

il trattore

47

Al mare e...

l'isola

il faro

la nave

il porto

il mare

il delfino

lo scoglio

l'onda

l'ombrellone

la barca a vela

il gommone

il telo da bagno

la borsa da mare

il gabbiano

il salvagente

i pesci

la palla

la sedia a sdraio

le conchiglie

in montagna

lo scoiattolo

la montagna

l'uccello

il bosco

la cascata

il rifugio

il lago

il prato

il ruscello

la corda

la piccozza

la scalatrice

gli scarponi
da montagna

la roccia

il binocolo

il sentiero

il ponte

la volpe

la macchina
fotografica

Il campeggio d

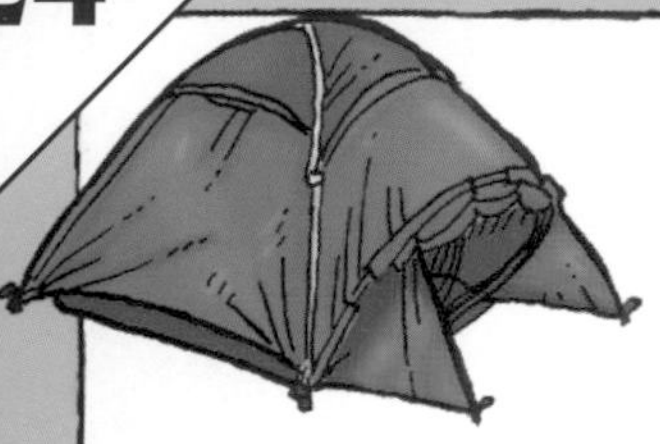

la tenda

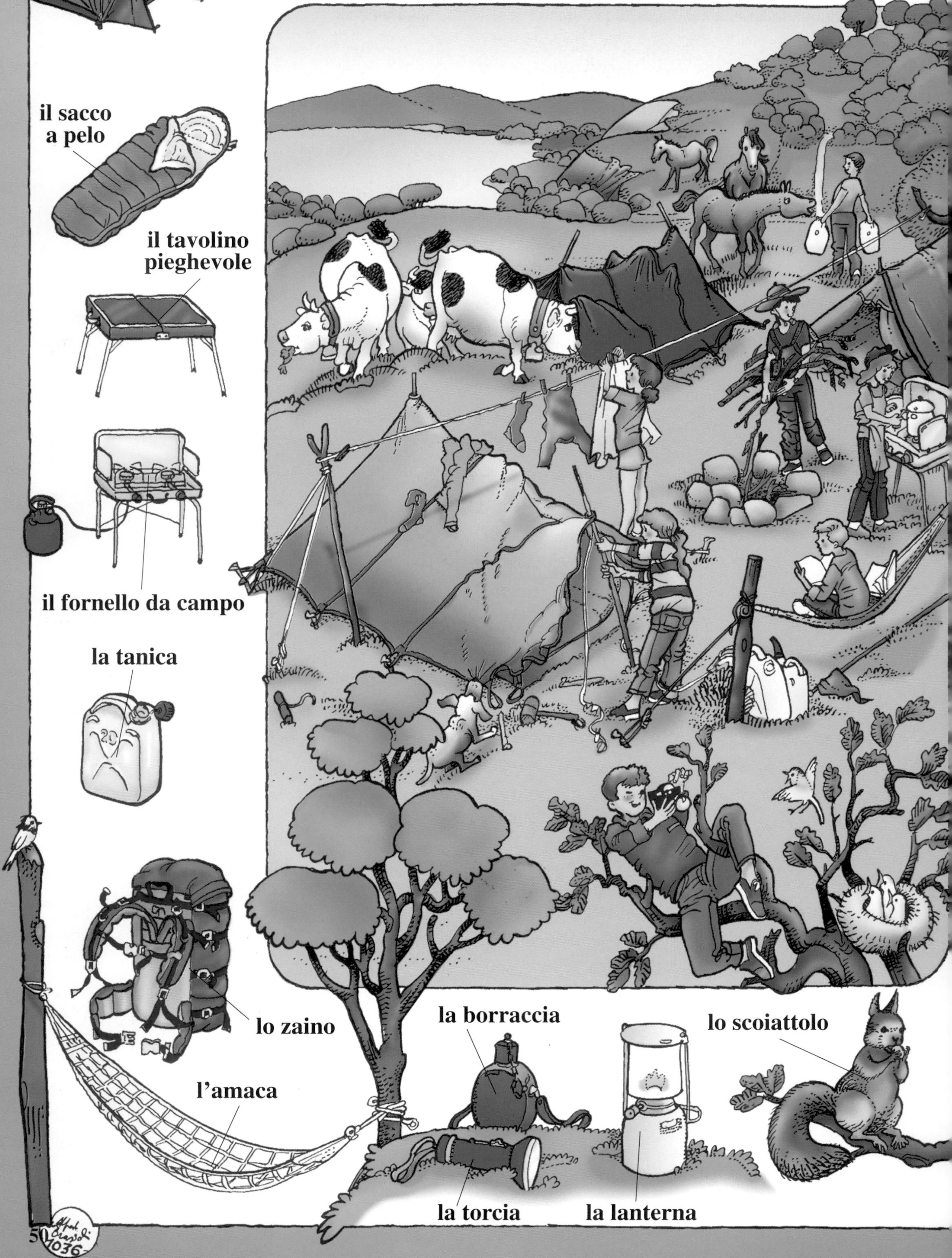

il sacco a pelo

il tavolino pieghevole

il fornello da campo

la tanica

lo zaino

l'amaca

la borraccia

lo scoiattolo

la torcia

la lanterna

giorno e di notte

il bosco

l'albero

la mucca

il ruscello

il cavallo

il recinto

il gufo

il pipistrello

la lucciola

Gli animali della fattoria

il maiale

il maialino

l'ape

l'arnia

il cavallo

il puledro

la pecora

l'agnello

il gallo

il pollaio

il pulcino

la gallina

l'anatra

il topo

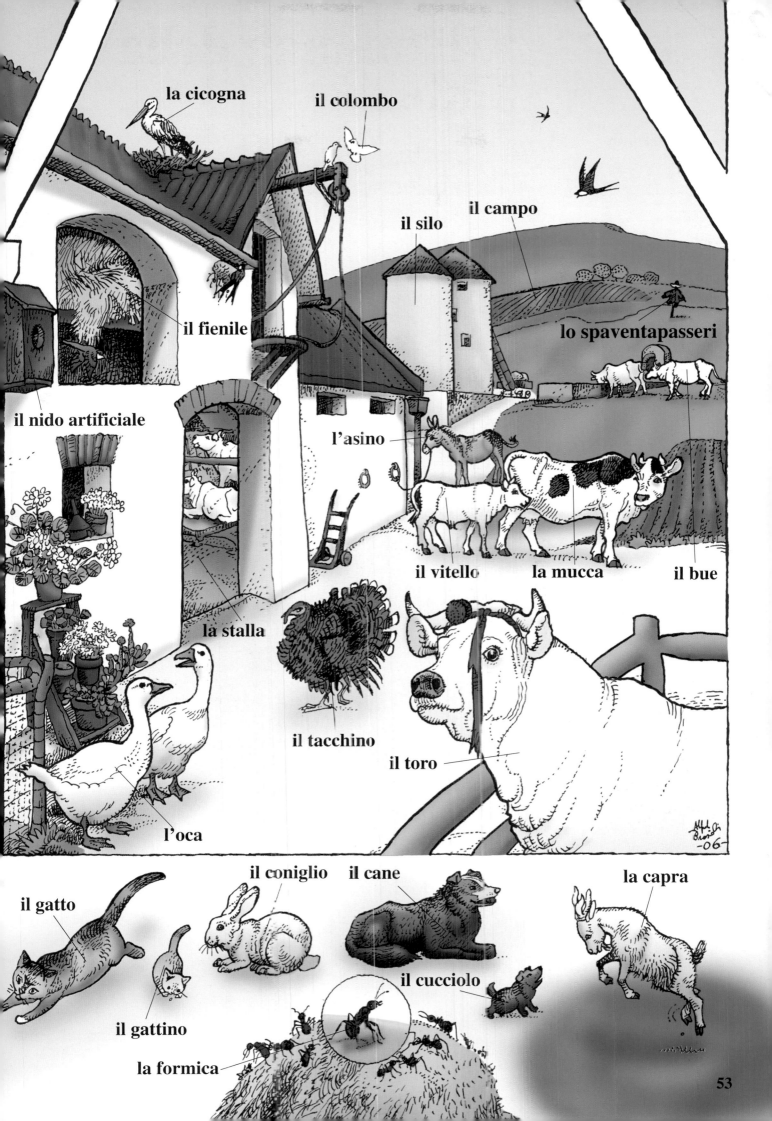

la cicogna

il colombo

il silo

il campo

il fienile

lo spaventapasseri

il nido artificiale

l'asino

il vitello

la mucca

il bue

la stalla

il tacchino

il toro

l'oca

il gatto

il coniglio

il cane

la capra

il gattino

il cucciolo

la formica

53

Lo zoo

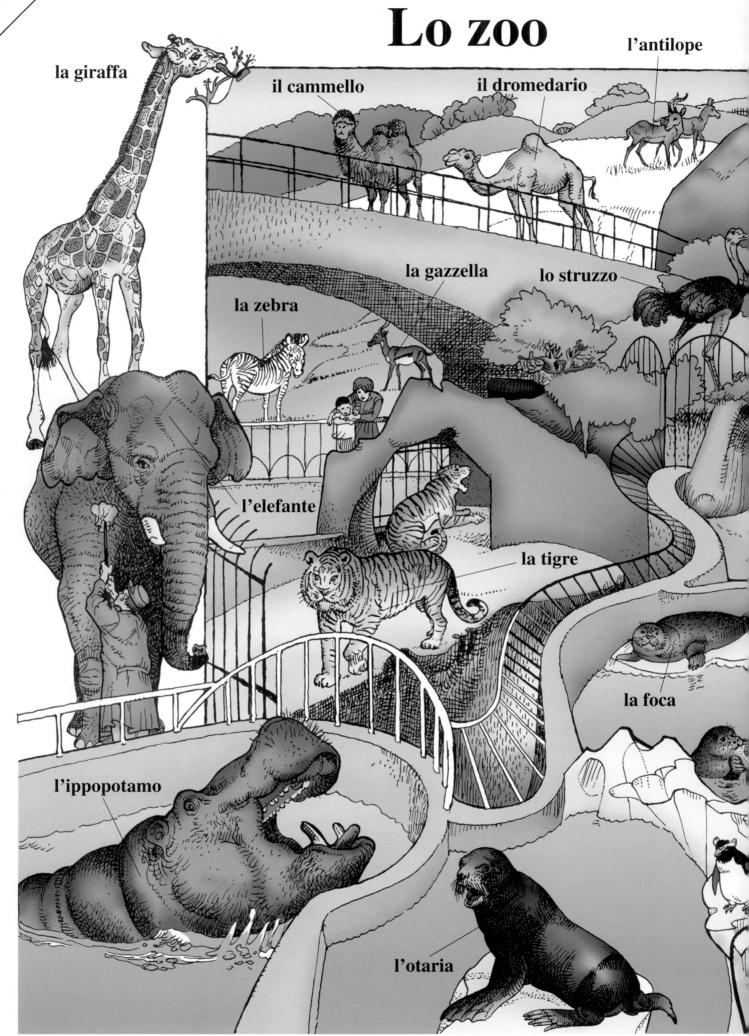

la giraffa

il cammello

il dromedario

l'antilope

la gazzella

la zebra

lo struzzo

l'elefante

la tigre

la foca

l'ippopotamo

l'otaria

lo stambecco

l'aquila

il leone

la scimmia

l'orso bruno

il rinoceronte

l'orso polare

la pantera

il leopardo

il serpente

il bufalo

il gorilla

i visitatori

il pinguino

il panda

55

Nel bosco

il cervo

la pigna

la rondine

la lepre

il coniglio

la violetta

il ciclamino

il bosco

lo scoiattolo

il corvo

il cespuglio

la ghianda

l'albero

la vipera

la volpe

la farfalla

il fungo

la chiocciola

la nocciola

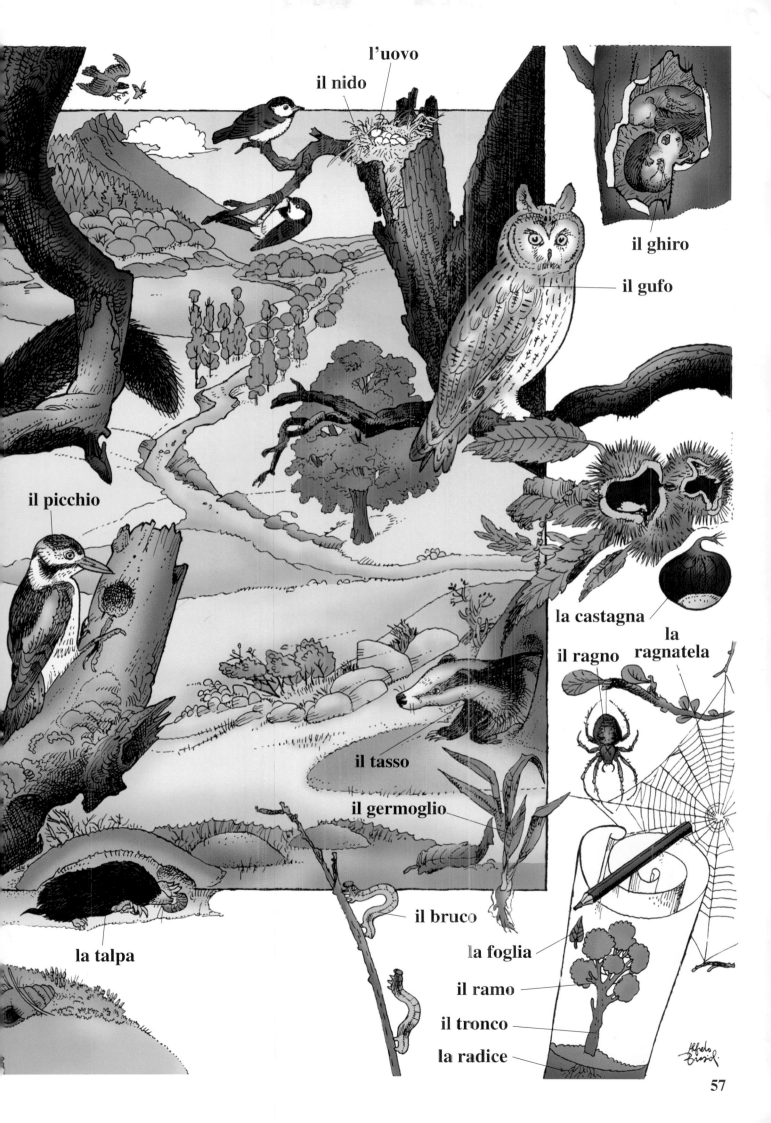

l'uovo

il nido

il ghiro

il gufo

il picchio

la castagna

la ragnatela

il ragno

il tasso

il germoglio

il bruco

la foglia

la talpa

il ramo

il tronco

la radice

In acqua!

la barca a vela

la boa luminosa

lo scoglio

il corallo

le alghe

l'ippocampo

la medusa

la tartaruga

la conchiglia

la bombola

il respiratore

la maschera

la cintura per zavorra

la torcia

la pinna

il granchio

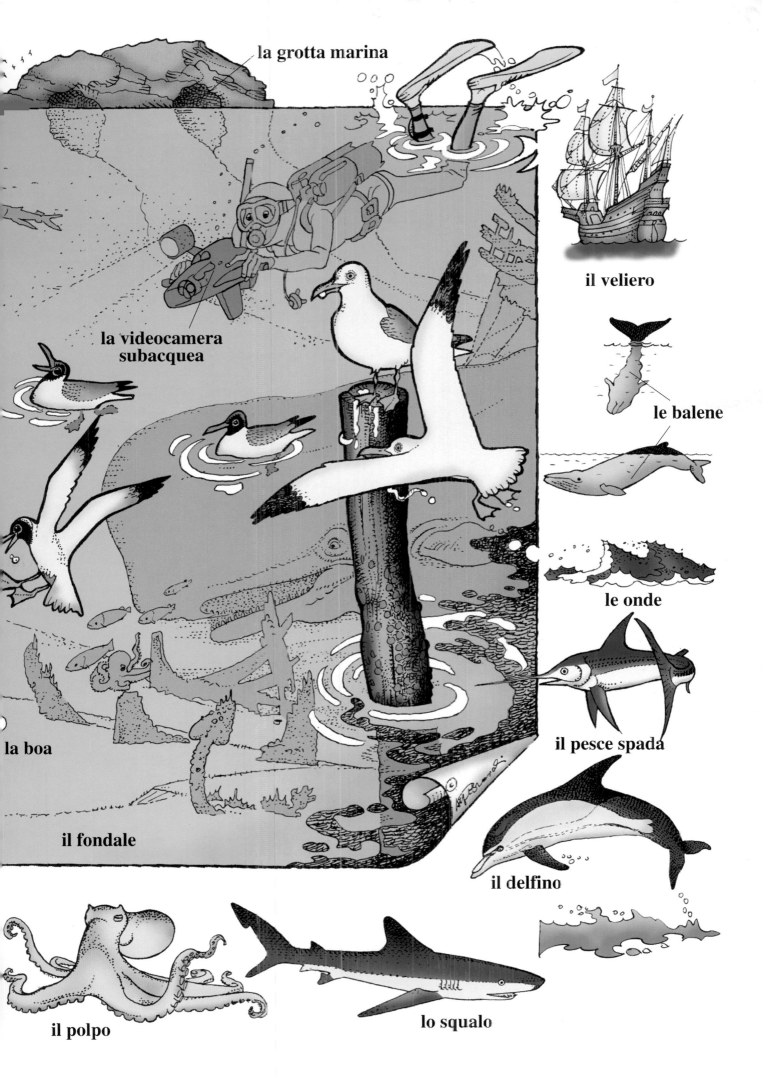

la grotta marina

la videocamera subacquea

il veliero

le balene

le onde

la boa

il fondale

il pesce spada

il delfino

il polpo

lo squalo

59

La festa

i piatti   il batterista   il sintetizzat

i tasti

la batteria   la grancassa

il microfono

il riflettore   la cantante   la cassa acustica   il clarinetto

i musicisti

la chitarra elettrica

il chitarrista

tastiera

le corde

lo spartito

il basso

le note musicali

61

A teatro

il fondale

il sipario

le quinte

i costumi

il camerino

l'orchestra

il direttore d'orchestra

i palchi

la galleria

lo spettatore

la buca dell'orchestra

la platea

l'uscita d'emergenza

il programma

il riflettore

il corpo di ballo

il danzatore

la danzatrice

il palcoscenico

la poltrona

Lo studio televisivo

la giraffa

il microfono

l'operato[re]

la telecamera

la conduttrice

il cavo

la pubblicità

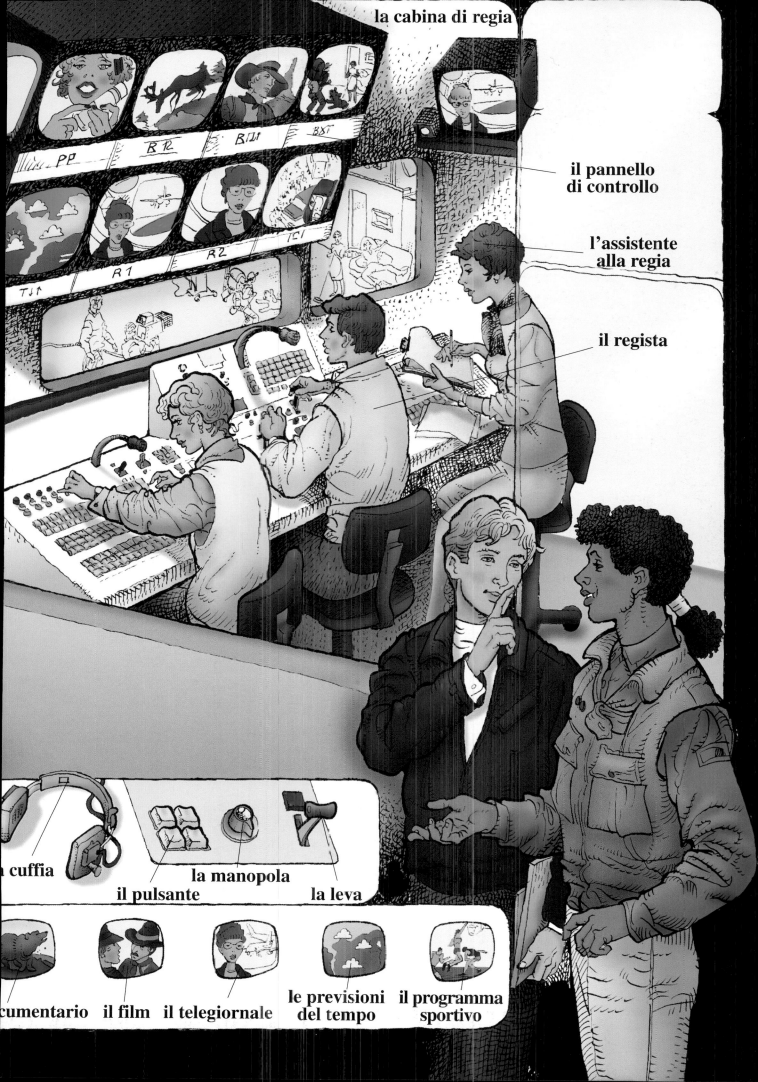

la cabina di regia

il pannello di controllo

l'assistente alla regia

il regista

la cuffia

il pulsante   la manopola   la leva

...cumentario   il film   il telegiornale   le previsioni del tempo   il programma sportivo

I numeri,

1 uno — 2 due — 3 tre — 4 quattro — 5 cinque

6 sei — 7 sette — 8 otto — 9 nove — 10 dieci

11 undici — 12 dodici — 13 tredici — 14 quattordici — 15 quindici

16 sedici — 17 diciassette — 18 diciotto — 19 diciannove — 20 venti

100 cento

1.000 mille

10.000 diecimila

100.000 centomila

1.000.000 un milione

1.000.000.000 un miliardo

primo — secondo — terzo — quarto — quinto — sesto — settimo — ottavo — nono — decimo

i colori e...

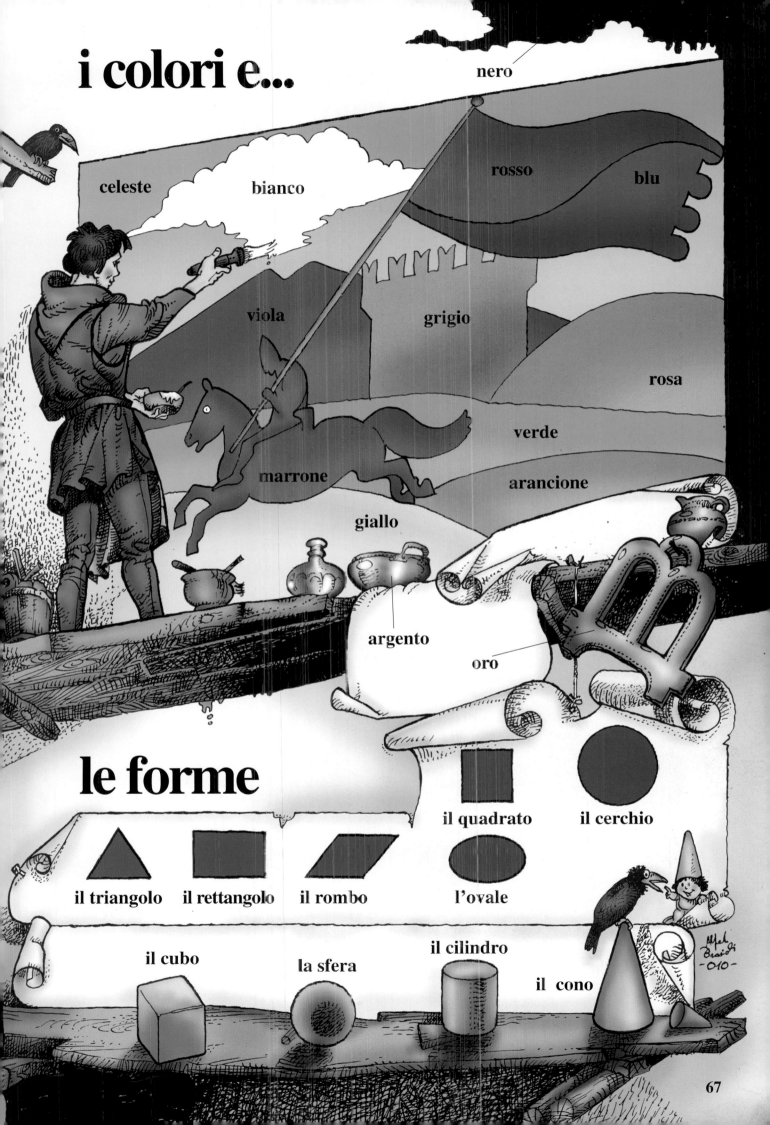

nero

celeste   bianco

rosso   blu

viola   grigio

rosa

verde

marrone   arancione

giallo

argento

oro

le forme

il quadrato   il cerchio

il triangolo   il rettangolo   il rombo   l'ovale

il cubo   la sfera   il cilindro   il cono

Dove?

Gli aggettivi

grasso

magro

lento

veloce

felice

triste

lungo

corto

uguali

diversi

freddo

caldo

grande

piccolo

sporco

pulito

chiusa

aperta

facile

difficile

morbido

duro

bagnato

asciutto

piena

vuota

vecchia

nuova

buono

cattivo

bello

brutto

primo

ultimo

pochi

molti

Le azioni

svegliarsi

pettinarsi

viaggiare

alzarsi

vestirsi

entrare

lavarsi

uscire

studiare

cadere

correre

vendere

rompere

ridere

piangere

dare

ricevere

aiutare

mangiare

spingere

tirare

parlare

scrivere

saltare

pensare

leggere

riparare

scalare

dipingere

cucinare

tagliare

guidare   camminare   chiudere

bere

comprare

pagare

suonare

cantare

ascoltare

guardare

aspettare

giocare

cercare

ballare

tornare

andare

aprire

spogliarsi

dormire

guardare la TV

andare a letto

sognare

73

Indice delle parole